Leila Eleisa Ayach & Sarinah Aurelia

Seelenverträge

Schnupperkurs

Smaragd Verlag

Bitte fordern Sie unser kostenloses Verlagsverzeichnis an:

Smaragd Verlag e.K.
Neuwieder Straße 2
D-56269 Dierdorf
Tel.: 02689-92259-10
Fax: 02689-92259-20
E-Mail: info@smaragd-verlag.de
www.smaragd-verlag.de

Oder besuchen Sie uns im Internet unter der obigen Adresse und melden Sie sich für unseren Newsletter an.

Deutsche Erstausgabe: Januar 2016

Umschlaggestaltung: preData
Satz: preData
Printed in Czech Republic
ISBN 978-3-95531-130-8

Einleitung

Liebe Leserinnen und Leser,

vielleicht haben Sie noch nicht alle Bände der Seelenverträge gelesen und wissen nicht, welchen Sie sich als Nächstes zulegen möchten. Natürlich baut jeder Band auf den anderen auf, was den Entwicklungsprozess betrifft. Doch kann auch jeder unabhängig von der Reihenfolge für sich gelesen werden, je nachdem, welches Thema gerade bei Ihnen ansteht.

Oder Sie möchten die Seelenverträge Freunden oder Bekannten weiterempfehlen, haben aber die Qual der Wahl (immerhin gibt es bereits zehn Bände). Oder Sie möchten noch einmal die aussagekräftigsten Kapitel der jeweiligen Bände zusammengefasst haben. Oder...

Aus diesem Grund haben wir für Sie den „Seelenverträge – Schnupperkurs“ zusammengestellt. Aus jedem Band wurde ein Kapitel von den Autorinnen ausgewählt, das für das jeweilige Thema steht. Also – geballte Ladung Seelenverträge.

Wir wünschen Ihnen viel Spaß beim Schnuppern.

Inhalt

Die Geburt der Seelenverträge

Liebe Leserinnen und Leser,

als Mara Ordemann und ich das erste Manuskript der Seelenverträge von Leila Eleisa Ayach bekamen, spürten wir in unserem Herzen, dass wir einen ganz besonderen Schatz in Händen hielten, und so zögerten wir nicht lange mit der Zusage, dieses Buch in unserem Verlag zu veröffentlichen.

Was soll ich sagen – das Buch erfuhr einen unglaublichen Zuspruch, so, als hätten die Menschen darauf gewartet. Und es ging weiter...

Bald nach der Veröffentlichung des ersten Bandes folgten Band 2 und 3, die sich der gleichen Beliebtheit erfreuten. Mehr noch – bereits kurz nach Erscheinen erhielten wir unzählige Anrufe, wann es denn weiterginge mit den Seelenverträgen. Und ja, es ging weiter, doch wie, das hätten wir so nicht zu träumen gewagt.

Eine andere Autorin, Sarinah Aurelia, nahm mit uns Kontakt auf und teilte uns mit, sie hätte unabhängig von Leila Eleisa Ayach die nächsten Bände von der Geistigen Welt durchgegeben bekommen. Daraufhin hatte sie zuerst Mail-Kontakt mit Leila Eleisa aufgenommen, die ohne zu zögern zustimmte, dass Sarinah uns die nächsten Bände zur Veröffentlichung anbietet. Liebe Leserinnen und Leser, das ist die Neue Zeit, das neue Miteinander.

Wir waren natürlich erst einmal überrascht, verständlich, aber auch sehr neugierig. Und die Energien flossen weiter, so, als kämen sie aus der gleichen Feder (was ja auch in höherem Sinne so war).

Und so veröffentlichten wir Band 4 und 5 mit Sarinah, und Sie, liebe Leserinnen und Leser, nahmen diesen „Autorenwechsel" sofort an – ohne Wenn und Aber. Auch Sie spürten, dass es von der Geistigen Welt so vorgesehen war und seine Richtigkeit hatte.

Als besonderes Highlight schrieben Sarinah und Leila Eleisa Band 6 und 7 dann zusammen. Wow!

Band 8, 9 und 10 stammen wieder aus der Feder von Sarinah, und – Sie dürfen sich freuen – Band 11 ist in Arbeit. Wer Band 11 schreibt? Lassen Sie sich überraschen.

Herzlich,
Gaby Heuchemer

PS: Übrigens, die beiden Autorinnen kennen sich bis heute nicht persönlich ☺

Aus Seelenverträge Band 1:

Seelenverträge

Ein Seelenvertrag ist eine Absprache zwischen zwei Seelen, durch bestimmte Verhaltensweisen und Situationen das gegenseitige geistige Wachstum zu fördern.

Es beinhaltet, in welcher Konstellation zwei Seelen sich zueinander befinden, wann sie aufeinandertreffen. Das heißt, es gibt keine „Zufälle". Alles, was einem Menschen in seinem Leben widerfährt, jede Herausforderung, jeder angebliche Verlust, jeder Schicksalsschlag ist von der Seele selbst festgelegt worden, bevor sie inkarnierte. Es dient einzig und allein dem Zweck, sich zu erfahren und spirituell zu wachsen. Und die Seele hat auch für die scheinbar auswegloseste Situation Lösungen zur Verfügung gestellt. Es gibt keine Herausforderung, für die es keine Lösung gibt.

Seelenverträge entstehen unter den Seelen, die der gleichen Seelenfamilie angehören. Seelenfamilien sind Seelen, die immer wieder zusammen inkarnieren und sich in jeder Inkarnation die Möglichkeit geben, sich zu heilen. Vor jeder Inkarnation finden Absprachen statt, wer was machen möchte. Eine Seele möchte sich als Mutter erfahren, die andere erklärt sich bereit, das Kind zu sein. Wieder eine andere ist der Ehemann. Die Seele der Mutter wollte zum Beispiel die Erfahrung machen, wie es ist, alleinerziehend zu sein. Also beinhaltet der Seelenplan zwischen der hier inkarnierten Frau und dem Mann, dass es zu einer Trennung kommt. Es sind Absprachen der Liebe.

Bei einer anderen inkarnierten Familie kommt es zum Beispiel vor, dass das zehnjährige Kind an Krebs stirbt. Es war eine Absprache unter diesen Seelen. Durch den frühzeitigen Tod und den damit einhergehenden Schicksalsschlag fangen die Eltern an, sich mit der Geistigen Welt zu beschäftigen. Sie wollen mehr herausfinden. Durch diese Erfahrungen wollen sie wiederum anderen Familien in der gleichen Situation helfen und gründen eine Organisation zur seelischen Unterstützung für Eltern, deren Kinder schwer krank sind, und vermitteln spirituelles Wissen. Der Tod des eigenen Kindes führte zu spirituellem Wachstum und lässt die Eltern lernen, dass die Seele unsterblich ist. Sie finden ihren Weg, ihre wahre Berufung, können erwachen, und erkennen den Tod ihres Kindes als ein Geschenk.

Ein anderes Beispiel: Mobbing am Arbeitsplatz. Eine Seele suchte sich das Thema „Wert“ heraus. Wie sieht es mit meinem Selbstwert aus? Wie viel bin ich mir wert? Durch die Schwierigkeiten am Arbeitsplatz lernt die Seele, sich zu behaupten und nicht mehr als Opfer zu fühlen, sondern als eigenständige Persönlichkeit, die sich ihrer Stärke und Macht bewusst ist und die niemand mehr wagt, zu

„mobben". Auch hier handelte es sich um eine Absprache zwischen zwei Seelen. Die eine wollte lernen, sich ihres Wertes und ihrer Macht bewusst zu werden und sich von ihrem Opferdenken zu befreien. Die andere erklärte sich aus Liebe bereit, den Part des „Täters" zu übernehmen.

Deshalb – es gibt keine Zufälle! Wenn ihr erkennt, dass ihr Schöpfer seid und eure Herausforderungen selbst ausgesucht habt, dann seid ihr frei und wisst auch, dass es für jede Herausforderung eine Lösung gibt und ihr alles meistern könnt. Ihr erkennt, dass euch jede Situation zum Erwachen führen möchte.

Ihr erkennt, dass es letztendlich darum geht, euer ganzes Potenzial zu erfahren und zu leben. Es führt euch zum Ziel eurer Seele: zum göttlichen Menschen auf Erden. Und das Erkennen, dass jede Herausforderung und jede Konstellation mit anderen Menschen abgesprochen ist, ermöglicht euch das Wichtigste überhaupt, um Heilung zu erfahren: VERZEIHEN. Verzeiht – es ist so wichtig, dass ihr verzeiht, denn es löst die Verhärtungen aus eurem Herzen. Verzeiht – es ist so wichtig! Es ist der Schlüssel zur Heilung, der Schlüssel zum Erwachen, zur allumfassenden Liebe. Wenn ihr verzeiht, macht ihr den Weg frei. Ihr heilt nicht nur euch, ihr heilt mit dieser Energie auch den Menschen, dem ihr verzeiht.

Egal, in welcher Situation, so hart und schwierig und anscheinend nicht lösbar sie ist –, denkt daran: Es sind Absprachen unter Seelen, die der gleichen Familie angehören und sich lieben. Es geschieht alles aus Liebe, auch wenn es in der Dualität schwerfällt, es euch vorzustellen.

Denkt daran, jede Situation, mag sie noch so schwierig und scheinbar unlösbar sein, hat eine Lösung. Und wer hat die Lösung festgelegt? Ihr. Ihr als Seele habt die Lösung festgelegt, bevor ihr inkarniert seid. Deswegen – es gibt keine Situation und Herausforderung ohne Lösung. Es ist genial. Es ist ein genial ausgeklügeltes System von Absprachen zwischen den Seelen, in der jede einzelne in ihrem Wachstum gefördert wird. Würde jede inkarnierte Seele hier auf Erden um dieses System wissen, es wäre sofort ein anderer Planet. Würde jede Seele erkennen, dass sie ein göttlicher Mensch auf Erden ist und ihr alles zur Verfügung steht, um ein Leben in Fülle und Liebe zu kreieren, weil sie als Seele für jede Herausforderung die Lösungen bereitgestellt hat, wüsste sie, dass es in ihrem Herzen eine Lösung gibt, und die Lösung könnte sofort abgerufen und würde nicht durch negatives Denken blockiert werden. Wir hätten einen anderen Planeten. Es würde keine Angst mehr geben. Die Menschen hätten ihre Macht wieder. Es könnte keine Kriege mehr geben. Jeder Mensch wäre sich bewusst, dass er ein göttlicher Mensch auf Erden ist.

Wie könnte ein göttlicher Mensch auf Erden Angst haben? Er würde einiges durchschauen. Das System, so, wie es jetzt besteht, würde kippen. Die Strukturen, so, wie sie jetzt sind, könnten nicht aufrechterhalten werden, weil sie auf der Angst der Menschen aufgebaut sind. Und genauso wird es sein. Die Strukturen bröckeln jetzt weltweit, weil sie nicht in die Neue Zeit mitgenommen werden können.

Und das spürt jeder Mensch auf Erden. Es verändert sich alles, viele bekommen dadurch Angst und fühlen sich, als ob ihnen der Boden unter den Füßen weggezogen würde. Aber es hängt damit zusammen, dass ihr euch in ein Neues Zeitalter hineinbegebt: ein Goldenes Zeitalter des göttlichen Menschen auf Erden.

Das sollte jeder wissen. Jeder! Momentan befindet sich dieses Zeitalter in den Geburtswehen. Das ist schmerzhaft. Nichts ist mehr so, wie es einmal war.

Aber – jede Seele auf Erden wollte dabei sein, ihren Beitrag dazu leisten, dieses Neue Zeitalter mit zu erschaffen. Und dann wundert ihr euch, wenn ihr einen Arbeitsplatz verliert, der in keiner Weise mehr euren Fähigkeiten entspricht? Mit dem Verlust des Arbeitsplatzes werdet ihr auf den Weg gebracht. Ihr werdet dadurch angestoßen, einen vollkommenen Richtungswechsel vorzunehmen.

Viele Seelen haben beschlossen, in die Selbstständigkeit zu gehen. Das Individuelle wird wieder Einzug halten. Ungewöhnliche neue Ideen werden jetzt auf Erden hervorgebracht, in jedem Bereich.

Das steckt dahinter. Es ist eine Art Weckruf der Seele. Im Neuen Zeitalter werden viele neue Berufe entstehen. Es geht schon los, schaut euch um.

Darum: Schaut hinter die Dinge. Es gibt eine Dualität, so, wie ihr es in der Dreidimensionalität erfahrt, und dahinter gibt es eine Wirklichkeit. Versucht euch immer wieder die Wirklichkeit vor Augen zu führen. Das, was immer wieder versucht, den Blick in die Wirklichkeit zu verhindern, ist das Ego. Ego sorgt für Angst, Hass, Sicherheitsdenken, Ausweglosigkeit. Ego möchte verhindern, dass ihr den Weg zum göttlich erwachten Menschen auf Erden schafft!

Aber wisst: Die Wirklichkeit ist stärker. Das hat auch jeder in seinem Seelenvertrag festgehalten. Jede Seele, die es sich zum Ziel gesetzt hat, in der Zeit der Übergangsphase und im Goldenen Zeitalter selbst zu inkarnieren, hat festgelegt, dass die Wirklichkeit gewinnt und das Ego irgendwann weichen wird.

Wichtig ist jedoch für euch zu wissen, dass das Ego auf eurem Weg immer wieder versuchen wird, euch „anzugreifen". Ego existiert nicht in der Wirklichkeit, nur in der Dualität. Es ist etwas vom Menschen Geschaffenes, sozusagen der kleine Luzifer, der in jedem von euch steckt. Ohne Ego würde es keine Dualität geben.

Ihr geratet immer wieder hinein, entscheidend ist aber, es zu erkennen und sich wieder davon zu distanzieren. Das ist das Entscheidende. Ihr seid nun mal Menschen, die in der Dualität leben.

Ein weiteres Merkmal der Dualität ist die „Zeit".

☆☆☆

Aus Seelenverträge Band 2:

Die verschiedenen Stufen des Erwachens

Wenn ihr euren spirituellen Weg des Erwachens, den Weg zum göttlich erwachten Menschen auf Erden, beschreitet, durchlauft ihr mehrere Erwachungsstufen.

Ihr müsst euch dessen bewusst sein, dass ihr euch immer weiterentwickelt, wie auch wir in der Geistigen Welt. Das Leben ist Evolution. Es hört nie auf.

Wir möchten euch an dieser Stelle erklären, wie Gott als Schöpfer wirkt. Gott erschafft, indem er ausatmet. Wie ihr. Ihr atmet ein und aus, ein und aus.

Wir sagen euch an dieser Stelle: Lernt, bewusst zu atmen. Im Atem liegt das SICH-BEWUSST-SEIN. Dadurch könnt ihr euch in die Ruhe bringen, Antworten erhalten, die Zeit beschleunigen. Der Atem bringt euch Heilung und Klarheit.

Das richtige Atmen wird euch in vielen Meditationstechniken erklärt, und es ist sehr wichtig, dass ihr euch wieder angewöhnt, richtig zu atmen. Deswegen sind gerade die sanften Sportarten für euch so heilsam, wie Laufen, Walken, Schwimmen, Yoga usw. Sportarten, bei denen ihr automatisch richtig atmet. Ihr habt euch im Laufe eurer Zeit zu Kurzatmern entwickelt. Auch das wird wieder anders. Ihr müsst euch wieder daran erinnern, aus dem Bauch heraus zu atmen.

Euer Geist wird automatisch klarer und ruhiger. Ihr kommt in die Ruhe. Ängste können besser losgelassen werden. Eure Zellen und euer ganzer Körper werden besser mit Sauerstoff versorgt, und ihr fühlt euch frischer, zentrierter, aufgeräumter. Ihr könnt besser Visionen und Lösungen empfangen.

Mit dem richtigen Atem befindet ihr euch automatisch im Schöpfungsprozess. Wie gesagt, Gott erschafft, indem er atmet.

Seit der Erschaffung eures wunderschönen Planeten und des Universums, in dem ihr lebt, atmet Gott aus. Wir wissen, wie schwer ihr das mit eurem Verstand erfassen könnt. Wir wissen darum. Deswegen nehmt es einfach hin.

Gott kann auch den Atem anhalten, dann verläuft der Evolutionsprozess langsamer, oder es ist eine Art Schöpferpause. Wir wissen, wie schwer es für euren Verstand ist.

Warum sollte Gott den Atem anhalten, wenn er doch in einem ständigen Schöpfungsprozess ist? Er muss ihn manchmal anhalten, wenn die Menschheit vor einer großen Entscheidung steht. Das war 1987 der Fall, das Datum der sogenannten „Harmonischen Konvergenz". Diese Botschaften wurden euch bereits durch einige Medien durchgegeben. In der „Harmonischen Konvergenz" wurde jede Seele auf Erden befragt, ob sie sich für den Aufstieg und die Rettung des Planeten Erde entscheidet. Ihr habt euch für die Rettung des Planeten entschieden, und seitdem atmet Gott wieder aus.

In dem Moment, in dem Gott einatmet, geht alles zurück zur All-Ein-Heit. Es ist ein Zustand der vollkommenen Einheit und des ALL-EINS-SEINS. Dann wird Gott wieder anfangen auszuatmen, und ein erneuter Schöpfungsprozess wird in Gang gesetzt.

Gott wollte zurzeit von Atlantis einatmen, das Experiment Erde drohte zu scheitern. Der Machtmissbrauch und die Dunkelheit waren zu groß. Große Würdenträger und Erzengel, Aufgestiegene Meister aus dem ganzen Universum baten Gott, weiter auszuatmen. Doch in dieser Phase hielt Gott den Atem an. Es kam die Sintflut. Atlantis musste sinken. Es war die einzige Möglichkeit.

Gott atmete weiter. Wieder bekam die Menschheit eine Chance zur Heilung. Gott sandte seinen Sohn. Wieder eine Chance zur Heilung, doch die Menschheit wollte es noch nicht annehmen. Jetzt, über 2000 Jahre später, ist die Menschheit so weit. Gott atmet weiter aus. Es geht in das Neue Zeitalter, und jeder von euch leistet seinen Beitrag dazu.

Deshalb seid euch eures Atems bewusst – wie oben, so unten. Wenn ihr richtig atmet, könnt ihr leichter erschaffen, seid ihr besser mit euch in Kontakt.

Ihr durchlauft verschiedene Erwachungsstufen, und jeder von euch erlebt diese Stufen anders. Sie laufen ineinander über. Während ihr diese Stufen durchlauft, erhaltet ihr viele Einweihungen. Euer Körper wird neu ausgerichtet, eure Zellen werden umprogrammiert. Ihr verändert euch. Euer Umfeld verändert sich. Durch die Stufen hindurch werdet ihr im Laufe der Zeit anders atmen, anders gehen. Euer Gang wird leichter, eure Haltung aufrechter. Euer Äußeres wird sich verändern. Ihr werdet euch verjüngen und werdet strahlender.

Ihr seid nicht mehr der Mensch wie zu Beginn eurer Reise. Es sind folgende Phasen, die ihr durchlebt, es sind Anhaltspunkte. Wir wollen noch einmal darauf aufmerksam machen, dass der Weg nie aufhört, ihr euch in einem ständigen Schöpfungsprozess befindet und immer wieder Phasen durchlauft, jeweils auf der nächsthöheren Stufe. Die Stufen, die wir euch hier aufzeigen, sind die Phasen, die ihr zum Übergang ins Goldene Zeitalter erfahrt.

☆☆

Die Kindheit

Ihr tretet ein in dieses Leben. Aus der Geborgenheit der Wirklichkeit tretet ihr durch den Geburtskanal in dieses irdische Leben. In dem Zeitraum zwischen Zeugung und Geburt seid ihr noch vollständig in der Geistigen Welt eingetaucht, bereitet euch noch vor auf den Eintritt in die Dualität. Ihr verlasst das Licht der Wirklichkeit und tretet ein in das Licht der Dreidimensionalität. Für viele von euch ist es trotz intensiver Vorbereitung ein Schock, denn ihr müsst euch erst wieder an die Enge des materiellen Körpers gewöhnen. Deswegen seid ihr auch sooft auf Reisen. Ihr reist immer wieder in die Wirklichkeit und werdet von uns in Licht getaucht. Darum braucht ihr viel Schlaf.

In dieser Phase seid ihr eingehüllt in die Liebe der Geistigen Welt und eingebettet in die Liebe der irdischen Eltern. Wir sind die ganze Zeit um euch, und ihr könnt uns sehen. Alle Sinne sind noch auf die Wahrnehmung der Geistigen Welt ausgerichtet. Ihr seid euch vollkommen bewusst, wer ihr seid. Ihr werdet geboren und seid erwacht.

Ja, als Babys und Kleinkinder wisst ihr noch, wer ihr seid. Ihr spielt mit den Gefährten aus der Geistigen Welt, sprecht mit eurem Schutzengel. Die Geistige Welt ist für euch greifbarer als das irdische Leben. Ihr protestiert, wenn ihr aus dem ständigen Kontakt zu uns herausgerissen werdet. Ihr protestiert gegen Zwänge, gegen Gesetzmäßigkeiten und versucht, euer Umfeld aufmerksam zu machen – auf uns. Und ihr seid traurig, wenn ihr seht, dass euer Umfeld uns nicht sehen kann

Im Laufe der Zeit tretet ihr immer mehr ein in die Dualität, gewöhnt euch an euren Körper, an euer irdisches Leben, und der Begleiter in der Dualität, euer Ego, taucht auf. Es muss so sein, denn ihr habt euch vorgenommen, Ego zu transformieren, also verabredet ihr euch mit Ego.

Mit dem vermehrten Eintritt in die Dualität taucht ihr immer mehr in den Schleier des Vergessens ein. Ja, die Voraussetzung für Erwachen ist das Schlafen, zugedeckt mit dem Schleier des Vergessens. Deswegen ist das Vergessen eine der Phasen auf dem Weg zum Erwachen. Ihr lebt in der Dualität, also müsst ihr beide Pole kennen und erfahren.

☆☆

Die Suche

Ihr durchlauft eure Kindheit, tretet ein ins Erwachsenenalter und macht euch Gedanken darüber, welcher Beruf zu euch passt. Dann beginnt ihr mit einer Ausbildung oder einem Studium. Es stellt sich euch die Frage: Was passt zu mir? Wie soll mein Leben aussehen? Jetzt entdeckt ihr euer Leben neu und zieht aus dem Elternhaus aus.

Dann fangt ihr an, euch euer eigenes Leben aufzubauen. Es ist der Beginn einer ersten Suche. Ihr versucht herauszufinden, wer ihr seid, wie euer Leben aussehen soll, und schlagt eine bestimmte Richtung ein. So folgt ihr von Anfang an machtvoll eurem Seelenplan.

Ihr folgt den einzelnen Punkten, die euer Seelenplan für euch vorgesehen hat, auch wenn ihr euch dessen nicht bewusst seid. Dementsprechend hat jeder von euch seine Herausforderungen, wird immer wieder in bestimmte Situationen geführt, um sie sich anzuschauen. Ihr habt es euch selbst festgelegt, um daran zu wachsen. Nichts in eurem Leben ist Zufall, es unterliegt alles der göttlichen Führung.

Ihr seid jedoch eingetaucht in den Schleier des Vergessens. Manche von euch haben sich schon längere Zeit mit der Geistigen Welt beschäftigt, andere werden dorthin geführt. Bei jedem von euch ist ein Erlebnis eingeplant, in dem er wieder in Berührung mit uns kommt. Einige von euch bekommen es aus dem Elternhaus mit, andere werden über Bücher oder Gespräche geführt. Ihr selbst habt es so festgelegt.

So kommt ihr in Berührung mit uns, seid euch aber noch nicht der Macht der Seelenverträge bewusst und könnt nicht unterscheiden zwischen Dualität und Wirklichkeit. Ihr erahnt eine Führung, wisst aber noch nicht, wie die Geistige Welt arbeitet. Zu intensiv ist der Schleier des Vergessens. Ihr habt eine Richtung im Leben eingeschlagen, sie zeigt euch aber noch nicht auf, wer ihr wirklich seid.

Ihr spürt ein Ziehen, könnt es aber nicht greifen. Ihr versteht nicht, warum ihr immer wieder bestimmte Situationen erlebt, immer wieder ähnliche Erlebnisse heranzieht. Teilweise habt ihr angefangen, an uns zu glauben und bittet um Hilfe, versteht aber nicht, warum ihr manche Herausforderungen und Situationen durchleben müsst. Einige von euch hören in solchen Situationen auf, an uns zu glauben. Mit anderen Worten: Ihr empfindet alles als sehr „vage“.

Unbewusst habt ihr angefangen, euren Weg zu gehen –

den Weg zum Erwachen. Ihr brauchtet diese Erfahrungen des SICH-NICHT-BEWUSST-SEINS, nur so könnt ihr euch SELBST-BEWUSST-SEIN. Beide Pole müssen in der Dualität erfahren werden.

Jeder von euch durchlebt Phasen, in denen er keine Klarheit hat und verunsichert ist. Wie könntet ihr sonst die Klarheit erfahren? Diese Phasen gehören zu eurem Erwachungsprozess.

☆☆

Der Weg beginnt

Ihr befindet euch immer auf eurem Weg – immer. Es hängt nur mit eurem Bewusstseinszustand zusammen, dass ihr irgendwann fragt: „Welcher ist mein Weg? Wer bin ich? Was ist der Sinn und Zweck meines Daseins? Aus welchem Grund bin ich inkarniert? Was möchte meine Seele verwirklichen?"

Ab einem bestimmten Punkt in eurem Leben fangt ihr an, diese Fragen zu stellen. Es sind Fragen nach dem Sinn des Lebens. Ihr spürt hinter allem eine Führung und wollt mehr herausfinden. Beschleunigt wird dieser Prozess oft durch einschneidende Erlebnisse, die diese Fragen auslösen. Ein Unfall, eine schwere Krankheit, Verlust der Arbeit oder eine Beziehung ist zerbrochen. Ihr fangt bewusst an, über euer Leben nachzudenken und versucht herauszufinden, welche eure wahren Wünsche sind. Wohin geht es?

Ihr fangt an, euch mit Religion und Philosophie, mit der Geistigen Welt zu beschäftigen und stellt fest, dass ihr eine Aufgabe habt. Diese wollt ihr herausfinden und euch ganz bewusst auf den Weg begeben. Ihr wollt wissen, wohin die Reise geht. Es ist das Bedürfnis eurer Seele, zu erwachen. Erwachen ist nichts anderes als Klarheit und Wissen über den eigenen Weg. Es ist das Wissen über die eigene Bestimmung, über die Gesetzmäßigkeiten der Geistigen Welt. Das Wissen über die Kunst, Wünsche in die Materie zu bringen, über den Schöpferprozess.

Der Wunsch, zu erwachen, ist in euch festgelegt, entfaltet sich wie ein Samen zum richtigen Zeitpunkt und wächst. Aber wisst: Ihr befindet euch immer auf dem Weg. Ihr könnt gar nicht anders. Es geht um das Bewusstsein, dass es einen Weg gibt und ihr euch daran erinnert, wer ihr seid und warum ihr da seid. Ja, es geht um die Wahrhaftigkeit. Und ihr sehnt euch nach der Wahrhaftigkeit – ihr könnt gar nicht anders. Nicht in dieser Zeit, in dieser Inkarnation.

Transformation des Egos

Ihr werdet euch immer mehr bewusst, dass es einen von eurer Seele vorgeschriebenen Weg gibt, und denkt über die wahren Wünsche eurer Seele nach.

Manche sind sich ihrer Ziele voll und ganz bewusst, andere lassen sich führen. Beides ist in Ordnung. Es spielt keine Rolle. Ihr selbst habt festgelegt, wie ihr euren Weg gehen wollt.

Ihr werdet bewusster. Und je mehr Bewusstheit ihr entwickelt, desto mehr versucht Ego, euch vom Weg abzubringen, in die Irre zu führen. Ihr durchlebt Ängste und Zweifel, fangt an, zu hinterfragen. Was jetzt stattfindet, sind Prozesse der Reinigung und Transformation, der Heilung. Ihr werdet geradezu gezwungen, euch eure Ängste und inneren Blockaden anzuschauen. Ein großer Umbruch findet in eurem Leben statt.

Es ist eine Phase des Loslassens. Eure Seele fordert jetzt von euch, dass ihr alles, was euch nicht mehr zuträglich ist, loslasst für das Neue, das dann in euer Leben eintreten kann. Loslasst von alten Mustern und Verhaltensweisen und von Seelenverträgen, die abgelaufen sind.

Ihr werdet komplett neu ausgerichtet. Wir wissen um

diese Prozesse. Es ist die Phase, in der ihr euch mit eurem Mentor verabredet habt. Er wird euch führen und stützen und euch den Weg leuchten, denn er weiß um diese Prozesse und die damit verbundenen Herausforderungen.

Er kann euch während der Transformations- und Reinigungsprozesse die Hand reichen, wenn ihr meint, euch verlaufen zu haben und nichts mehr sehen zu können.

Dabei könnt ihr nicht scheitern. Es ist alles geführt. Aber ihr habt es so einfacher und kommt schneller durch die Transformationsprozesse. Deswegen habt ihr euch mit eurem Mentor verabredet, damit ihr nicht zögert, sondern zügig durch die Transformations- und Heilungsprozesse geht.

Es ist eine sehr intensive Phase. Nicht selten schmerzt euer Köper, und ihr erlebt Erkältungskrankheiten. Der Körper muss euch zur Ruhe zwingen, denn er transformiert das, was ihr geistig transformiert, auf der körperlichen Ebene.

Das kostet Kraft. Alte Muster müssen aus den Zellen geschleust werden, und es finden Umprogrammierungen statt. Bedenkt, ihr habt euch bestimmte Verhaltens- und Denkmuster angewöhnt, die zuvor der alten Energie dienten, aber nicht mitgenommen werden können ins Goldene Zeitalter.

Ein festes Denkmuster der alten Zeit ist zum Beispiel der Alterungsprozess. Dieser entspricht nicht mehr der Neuen Zeit. Ihr könnt Hunderte von Jahren in eurem jetzigen Körper weilen und seht immer aus wie 30, oder welches Alter ihr als eurer Wohlfühlalter bezeichnet. Ihr habt die Wahl. Es gibt Menschen auf eurem Planeten, die einige hundert Jahre alt sind. Sie wohnen an Orten abseits eurer Zivilisation und tun durch ihre Gebete sehr viel für die Menschheit. Altern ist Illusion. Ihr hattet es für bestimmte Zeitperioden festgelegt, damit ihr innerhalb kürzester Zeit öfter inkarnieren konntet. Doch nicht mehr in dieser Zeit.

Genauso ist Krankheit eine Illusion. Das Wort Krankheit wird nicht mehr in eurem Wortlaut existieren. Es geht um Verjüngung und Gesunderhaltung. Es werden wieder Gesundheitstempel entstehen. Euer Gesundheitssystem wird komplett revolutioniert.

Zudem wird sich euer Zeitempfinden verändern. Zeit ist eine Illusion. Es gibt keine Zeit. Solche Gedankenmuster werden während eurer Reinigungs- und Transformationsprozesse aus euren Zellen entfernt und umprogrammiert. Ihr werdet auf Gesundheit und Verjüngung ausgerichtet. Diese Umprogrammierungen kosten den Körper Kraft. Nach jedem Transformationsprozess, nach jeder Heilung und Erkenntnis und mit zunehmender Klarheit wird eure Körperschwingung erhöht.

Bedenkt, ihr habt alle eure Ängste auf der geistigen Ebene transformiert, diese sind aber auch in euren Zellen gespeichert. Mit jeder geistigen Transformation erfolgt die Ausschleusung aus euren Zellen.

Auch das kostet den Körper Kraft. Ihr braucht vermehrt Schlaf oder bestimmte Nahrungsmittel. Deswegen nehmt es an. Seid geduldig mit euren Prozessen und eurem Körper.

☆☆

Leben im Einklang mit der Mahatma-Energie

Ihr habt angefangen, bewusst euren Weg zu gehen, seid durch Transformationsprozesse, durch Läuterungsphasen hindurch, habt euch eure Ängste angeschaut, sie transformiert und aufgelöst. Es gab Wegstrecken, die einfach waren, dann ging es bergab, oder eine Biegung tauchte auf. Ihr standet vor Weggabelungen, entschiedet euch für Wegabkürzungen und gingt das Abenteuer ein, den vorgeschriebenen Weg zu verlassen. Ihr machtet die Erfahrung, euch auf einen nicht vorgegebenen Weg zu begeben, gingt durch die Dunkelheit, ohne zu wissen, was euch als Nächstes erwartet. War es ein Berg oder ein Fluss, den es zu überqueren galt? Ihr bekamt Angst, bliebt vor Schreck stehen, wurdet orientierungslos und nahmt die Führung der Geistigen Welt nicht mehr wahr, die euch nie aus den Augen ließ, sondern euch immer begleitete und an die Hand nahm. Selbst wenn ihr dachtet, ihr hättet euch verlaufen, befandet ihr euch immer auf eurem Weg, auch wenn es für euch nicht mehr so aussah. In diesen Situationen wart ihr froh, euren Mentor an eurer Seite zu haben. War es ein Mentor aus der Geistigen Welt, konntet ihr ihn zeitweise nicht mehr wahrnehmen. Aber glaubt uns, er nahm euch immer an die Hand und leuchtete euren Weg.

Er wusste aber auch, wie man wieder auf den vorgegebenen Weg gelangt und dadurch schneller ans Ziel kommt. Ihr machtet die Erfahrung, euch zu verändern.

Eure Reise begann gleich einem Rohdiamanten, und während eurer Wanderschaft entstand ein wunderschöner, strahlender Diamant. Das Gestein abgeschliffen, strahlend und durchlässig, glänzend in all seinen Facetten. Bedenkt – ein geschliffener Stein kann sich nie wieder zu einem Rohdiamanten entwickeln. Sind eure Ängste einmal transformiert und hat euer Ego den Kampf verloren, gibt es kein Zurück mehr. Ihr seid in eurer Stärke und Kraft, in der Wahrhaftigkeit und der Liebe. Es gibt keine stärkere Macht im Universum als die Liebe. Diese ist gleich einer Blume, die durch eine Mauer wächst. Die Stärke der Liebe ist das Zerbrechliche, das das Feste durchbricht. Das kann nur die Liebe. In dieser Stärke befindet ihr euch nach eurem Transformationsprozess und kämpft nicht mehr.

Es gibt nichts mehr, worum ihr kämpfen müsst, denn ihr habt erkannt, dass ihr immer mit allem versorgt seid und die Macht habt. Eurer wieder SELBST-BEWUSST, geht ihr jetzt euren Weg weiter im Bewusstsein eures Seelenplans. Ihr habt euer lineares Denken abgelegt, weil ihr erkannt habt, dass es euch in alte Muster führt und euch verwirrt. Ihr habt angefangen, euer Leben nach der Wirklichkeit auszurichten. In der Wirklichkeit ist alles im Hier und Jetzt vorhanden. Außerdem habt ihr gelernt, dass nicht immer zuerst Punkt A auftreten muss.

Nein, es kann mit Punkt C beginnen, und Punkt A taucht überhaupt nicht mehr auf, weil ihr beschlossen habt, so schnell wie möglich den für euch wichtigen Punkt C zu erreichen. Mit solchen Überraschungen hat die Geistige Welt öfter euer lineares Denken durchbrochen.

Nach den Transformationsprozessen wisst ihr darum, weil ihr euch an die Zusammenarbeit mit uns gewöhnt und euch verändert habt, eine Leichtigkeit spürt. Ego ist zwar immer noch da, und ihr befindet euch immer noch in der Dualität. Doch Ego hält jetzt respektvollen Abstand, weil es den Kampf verloren hat. Ihr habt die Transformationsprozesse durchlaufen und könnt jetzt euren Weg ohne

Kämpfe weitergehen. Sollte Ego sich euch nähern, nehmt ihr es sofort wahr. Ihr kennt die Gefahren, aber ihr seid ihnen nicht mehr ausgeliefert. Ihr kennt eure Wahlmöglichkeiten, aber ihr wollt euch nur noch für die Wirklichkeit entscheiden.

Nun fangt ihr an, in einen harmonischen Zustand überzugehen und befindet euch nach und nach im Zustand der Mahatma-Energie, verschmolzen mit dem Goldenen Engel, eurem Höheren Selbst. Euer ganzes Denken und Handeln ist jetzt ausgerichtet auf den höchsten göttlichen Plan des Lichts. Es scheint, als ob ihr keine Wahlmöglichkeiten mehr hättet. Euer ganzes Sein ist ausgerichtet auf die höchste Schöpferkraft. Der Schöpfer selbst kann sich jetzt ohne Widerstände durch euch erfahren. Es ist ein anderes Leben – ihr befindet euch im Wirken und im Sein.

Vorbei die Zeiten der Kämpfe und des Leidens, der Prozesse. Es gibt nichts mehr, was euch von eurem Weg abhalten könnte. Vorbei die Beschwerlichkeiten und Mühen des Lebens. Alle Bereiche eures Lebens wurden von euch geheilt, dementsprechend können Fülle und Liebe in euer Leben treten. Ihr seid wieder im Fluss, weil die Schöpferkraft ohne Widerstand durch euch fließen kann. Die verschiedenen Erwachungsstufen wurden von euch durchlaufen, doch es geht weiter, denn ihr hört nie auf, euch weiterzuentwickeln.

Aus Seelenverträge Band 3:

Die Prophezeiung

In eurer Heiligen Schrift, in der Offenbarung des Johannes, wurde euch eine Prophezeiung überbracht. Sie ist sehr machtvoll. Wir wollen sie euch hier noch einmal übermitteln, denn sie enthält viele verschlüsselte Botschaften für euch. Nur wenige konnten bis jetzt verstehen, was damit gemeint ist. So lauscht noch einmal dieser Prophezeiung.

1. Und ich sah einen neuen Himmel und eine neue Erde, denn der erste Himmel und die erste Erde sind gegangen, und das Meer ist nicht mehr.
2. Und ich sah die Heilige Stadt, das Neue Jerusalem, von Gott aus dem Himmel herabkommen, bereitet wie eine geschmückte Braut für ihren Mann.
3. Und ich hörte eine große Stimme vom Thron her, die sprach: Siehe da, die Hütte Gottes ist bei den Menschen. Und er wird bei ihnen wohnen, und sie werden sein Volk sein, und er selbst, Gott mit ihnen, wird ihr Gott sein.
4. Und Gott wird abwischen alle Tränen von ihren Augen, und der Tod wird nicht mehr sein, noch Leid, noch Geschrei, noch Schmerz wird mehr sein, denn das Erste ist vergangen.

5. Und der auf dem Thron saß, sprach: Siehe, ich mache alles neu! Und er sprach: Schreibe, denn diese Worte sind wahrhaftig und gewiss!
6. Und er sprach zu mir: Es ist geschehen. Ich bin das A und das O, Anfang und Ende. Ich will dem Durstigen geben von der Quelle des lebendigen Wassers umsonst.
7. Wer überwindet, der wird alles erben, und ich werde sein Gott sein, und er wird mein Sohn sein.
8. Die Feigen aber und Ungläubigen und Frevler und Mörder und Unzüchtigen und Zauberer und Götzendiener und alle Lügner, deren Teil wird in dem Pfuhl sein, der mit Feuer und Schwefel brennt, das ist der zweite Tod.
9. Und es kam zu mir einer von den sieben Engeln, die mit den sieben Schalen mit den letzten sieben Plagen hatten, und redete mit mir und sprach: Komm, ich will dir die Frau zeigen, die Braut des Lammes.
10. Und er führte mich hin im Geist auf einen großen und hohen Berg und zeigte mir die Heilige Stadt Jerusalem, herniederkommen aus dem Himmel von Gott.
11. Sie hatte die Herrlichkeit Gottes, ihr Licht war gleich dem alleredelsten Stein, einem Jaspis, klar wie ein Kristall.
12. Sie hatte eine große und hohe Mauer und zwölf Tore, und auf den Toren waren Engel und Namen geschrieben, die Namen der zwölf Stämme der Israeliten.

13. Von Osten drei Tore, von Norden drei Tore, von Süden drei Tore, von Westen drei Tore.
14. Und die Mauer der Stadt hatte zwölf Grundsteine und auf ihnen die zwölf Namen der zwölf Apostel des Lammes.
15. Und der mit mir redete, hatte einen Messstab, ein goldenes Rohr, um die Stadt zu messen und ihre Tore und ihre Mauer.
16. Und die Stadt ist viereckig angelegt, und ihre Länge ist so groß wie die Breite. Und er maß die Stadt mit dem Rohr: zwölftausend Stadien. Die Länge und die Breite und die Höhe der Stadt sind gleich.
17. Und er maß ihre Mauer: hundertvierundvierzig Ellen nach Menschenmaß, das der Engel gebrauchte.
18. Und ihr Mauerwerk war aus Jaspis und die Stadt aus reinem Gold, gleich reinem Glas.
19. Und die Grundsteine der Mauer um die Stadt waren geschmückt mit allerlei Edelsteinen. Der erste Grundstein war ein Jaspis, der zweite ein Saphir, der dritte ein Chalzedon, der vierte ein Smaragd, der fünfte ein Sardonyx, der sechste ein Sarder, der siebte ein Chrysolith, der achte ein Beryll, der neunte ein Topas, der zehnte ein Chrysopras, der elfte ein Hyazinth, der zwölfte ein Amethyst.
21. Und die zwölf Tore waren zwölf Perlen, ein jedes Tor war aus einer einzigen Perle, und der Marktplatz der Stadt war aus reinem Gold wie durchscheinendes Glas.

22. Und ich sah keinen Tempel darin, denn der Herr, der allmächtige Gott, ist ihr Tempel, er und das Lamm.
23. Und die Stadt bedarf keiner Sonne noch des Mondes, dass sie ihr scheinen, denn die Herrlichkeit Gottes erleuchtet sie, und ihre Leuchte ist das Lamm.
24. Und die Völker werden wandeln in ihrem Licht, und die Könige auf Erden werden ihre Herrlichkeit in sie bringen.
25. Und ihre Tore werden nicht verschlossen am Tage, denn da wird keine Nacht sein.

In dieser Prophezeiung sind versteckte Symbole und Zeichen für eure Seele enthalten. Es ist eine Prophezeiung, die sehr oft missverstanden wurde. Der neue Himmel und die neue Erde. Diese habt ihr erschaffen durch eure Transformationsprozesse. Nur durch euren Heilungsprozess kann sich Lady Gaia heilen und die Menschheit erwachen. Das Goldene Jerusalem. Das seid ihr.

Ihr habt die Tür geöffnet und seid eingetreten in das Goldene Jerusalem, das Neue Zeitalter, die Mahatma-Energie. Es ist ein individueller Prozess. Jeder erlebt ihn gesondert. Darum gibt es kein einziges großes Tor, durch das ihr alle hindurchschreitet. Nein, ihr könnt nicht irgendjemandem durch ein geöffnetes Tor hinterherlaufen, das funktioniert nicht. Ihr müsst selbst und alleine gehen und die Tür öffnen. Ihr seid erwacht. Gott kann endlich wieder in euch wohnen.

Ihr habt eure Göttlichkeit erkannt. Ihr seid frei. Es gibt kein Leid mehr. Ihr durchlebt nicht mehr diese Höhen und Tiefen des Lebens, geprägt von den Angriffen eures Egos. Seid ihr frei von Ego, seid ihr frei von Leid. Ja, so einfach ist es eigentlich. Das Leben ist einfach. Die Lösung liegt in der Einfachheit.

In der Prophezeiung wird ein Thron erwähnt. Hierbei handelt es sich um ein Zentrum, eine Einweihungsstätte. Es ist der Ort mit der höchsten Energie auf Erden. Ein Zentrum mit einer wundervollen Wesenheit voller Weisheit und Liebe. Wir wollen es nur andeuten für euer Herz, weil wir wissen, wie sehr sich der Verstand noch wehrt. Ja, eine wundervolle Wesenheit auf Erden, die immer war und sein wird. Sie ist der Vertreter Gottes auf Erden. Die großen Meister der Menschheitsgeschichte wurden von dieser Wesenheit geschult, auch Jesus erhielt dort wichtige Einweihungen und wurde auf seine große Aufgabe vorbereitet.

Er taucht immer wieder auf unter dem Namen Melchisedek, und nur wenige Eingeweihte finden Zugang zu ihm. Die Erde braucht diese Wesenheit, die seit Anfang der Zeiten präsent ist. Allerdings wurde auch ihr nicht gestattet, in den freien Willen des Menschen einzugreifen.

Ja, viele Wunder, Welten und Reiche befinden sich auf eurer Erde. Viele Königreiche werden wieder erblühen, aber anders, als ihr es euch vorstellt. Es sind die Königreiche der Elementare und Naturgeister und die der hohen Würdenträger, die so lange im Verborgenen wirken mussten. Man gelangt nur mit dem Geist dorthin, nur im reinsten geläuterten Zustand.

Aber genauso wie der Schleier der Dualität und Illusion nach und nach schwindet, werden die Schleier zu diesen verborgenen Reichen zur Seite gezogen.

Oh, eurer Planet Erde, er wird ein wundervoller magischer Ort werden. Die Dimensionen werden durchlässiger, und viele Wesenheiten, euch nur bekannt aus Sagen und Märchen, werden wieder ihren Platz auf diesem Planeten einnehmen. Im wahrsten Sinne des Wortes: Wundersame Zeiten werden für euch anbrechen.

In das Goldene Jerusalem kann nur der eintreten, der frei ist, der durch die Nacht hindurch ist und sich befreit hat. Der Lohn ist groß. Und jeder von euch ist eingetreten, sonst würdet ihr nicht diese Zeilen lesen. Ihr seid in die Absicht gegangen und eingetreten. Die Goldene Stadt hat ihren Platz in eurem Herzen.

Sie wird sich durch euren Geist in der Materie manifestieren. Sie existiert im Ätherkörper über dem jetzigen Jerusalem. Sie ist. Sie ist nicht nur ein Ort des Herzens, sie ist real. Aber sie kann erst in der Materie sein, wenn die Tür in eurem Herzen offen ist und ihr eintretet in das Goldene Jerusalem. Dadurch kann Lady Gaia aufsteigen in den Ätherkörper der Goldenen Stadt.

Denkt nicht zu sehr darüber nach, wie der Aufstieg funktionieren wird und wie ihr euch wahrnehmen werdet. Ihr erhöht kontinuierlich eure Schwingung, nehmt euch jedoch nach wie vor in der Materie wahr, obwohl ihr so hoch schwingt wie nie seit dem Abstieg in die Illusion und Dualität. Genauso wird es bleiben. Doch euch wird der Unterschied nicht so groß vorkommen, aber macht euch nicht zu viele Gedanken darüber, wie es ist, wenn eine Stadt, und mit ihr der gesamte Planet, in den Ätherkörper aufsteigt. Ihr schwingt höher und seid voller Licht. Das ist alles.

Und die Geistige Welt, das gesamte Universum, eure galaktischen Brüder und Schwestern, wir alle beobachten das Geschehen, denn es ist ein wundervolles Ereignis. Die Menschheit hat es geschafft: Der schönste Planet des Universums ist gerettet. Ein neuer Mensch auf einer neuen Erde. Der göttlich erwachte Mensch auf Erden in sich erwacht, die Herrlichkeit Gottes auf Erden, gleich dem alleredelsten Stein, ein Jaspis, klar wie ein Kristall. Er trägt eine Krone aus reinem Gold, gleich reinem Glas, geschmückt mit den prachtvollsten Edelsteinen. Neben dem Jaspis, der zweite ein Saphir, der dritte ein Chalzedon, der vierte ein Smaragd, der fünfte ein Sardonyx, der sechste ein Sarder, der siebte ein Chrysolith, der achte ein Beryll, der neunte ein Topas, der zehnte ein Chrysopras, der elfte ein Hyazinth, der zwölfte ein Amethyst.

Merkt ihr etwas? Die Edelsteine, die in eurer Prophezeiung erwähnt werden, sind die Eigenschaften des göttlich erwachten Menschen auf Erden. Es sind die Eigenschaften des neuen Menschen auf einer neuen Erde. Diese Steine verkörpern die Eigenschaften von Harmonie, Schönheit, Stärke, Treue, Weitsicht, Liebe, Klarheit, Reinheit, Freude, innerer Gelassenheit.

Schaut es euch an, das ist der göttlich erwachte Mensch im Goldenen Jerusalem. Ihr müsst nicht durch den physischen Tod, um den Himmel zu erfahren. Nein, der Himmel auf Erden ist, wenn ihr die Tür in eurem Herzen öffnet und eintretet in das Goldene Jerusalem. Das ist der Himmel auf Erden. Unabhängig davon, was euch eure Nachrichten zeigen, Bilder der Illusion und Dualität. Und nach und nach werdet ihr feststellen, dass diese Bilder schwinden. Es wird sie nicht mehr geben. Die gesamte Menschheit ist eingetreten in das Goldene Jerusalem. Die gesamte Menschheit!

21. Und die zwölf Tore waren zwölf Perlen, ein jedes Tor war aus einer einzigen Perle, und der Marktplatz der Stadt war aus reinem Gold wie durchscheinendes Glas.
22. Und ich sah keinen Tempel darin, denn der Herr, der allmächtige Gott, ist der Tempel, er und das Lamm.
23. Und die Stadt bedarf keiner Sonne noch des Mondes, dass sie ihr scheinen, denn die Herrlichkeit Gottes erleuchtet sie, und ihre Leuchte ist das Lamm.
24. Und die Völker werden wandeln in ihrem Licht, und die Könige auf Erden werden ihre Herrlichkeit in sie bringen.
25. Und ihre Tore werden nicht verschlossen am Tage, denn da wird keine Nacht sein.

Ihr seid der Tempel, in dem Gott wohnt. Jeder von euch ist ein Tempel. Kein Tag, keine Nacht. Es gibt keine Dunkelheit mehr. Ihr seid durch, deswegen auch keinen Tag. Das Auf und Ab des Lebens ist in der Mahatma-Energie nicht mehr möglich. Es ist die Fülle, die Liebe, die Leichtigkeit.

Es ist der Traum, auf den die Menschheit immer hingearbeitet hat und der unerreichbar schien. Es ist das Sehnen in euch. Jede eurer Inkarnationen hat euch darauf vorbereitet, dass ihr als Menschheit wieder in das Goldene Jerusalem, in das Goldene Zeitalter eintretet. Erkennt ihr jetzt, wie wichtig eure Transformationsprozesse sind?

Im Nachhinein werdet ihr verstehen. Ihr werdet fasziniert sein von euren Prozessen und verstehen, dass es so sein musste. Nur so konntet ihr euren Charakter verfeinern und ausbilden. Nur so konntet ihr die Tugenden und Eigenschaften der Edelsteine des Goldenen Jerusalems ausbilden.

Es geht um Alchemie. Die Natur lebt es euch vor. Wie lange dauert es, bis Lady Gaia solche Edelsteine hervorbringt? Ja, genau, darum sind sie so kostbar. Und mit euch ist es nicht anders. Wir wissen, dass es eine Zeitperiode dauert, bis ihr alles transformiert habt. Wir wissen es.

Aber es ist die Zeit, in der es keinen Tag gibt, weil die Nacht fehlt. Wenn das Licht immer strahlen kann, wo soll es dunkel sein? Wo?

Wir wissen, wer diese Zeilen liest, Wir wissen es.

Wir segnen dich, Schwester. Wir segnen dich, Bruder. Ihr wart nie allein. Nie.

...Und die Völker werden wandeln in ihrem Licht, und die Könige auf Erden werden ihre Herrlichkeit in sie bringen...

Und Gott sprach:

„Schaut, seht her. Ihr habt es geschafft, und ich bin wieder unter euch.
Ich war es immer. Ihr hattet mich vergessen. Ihr hattet euer Licht vergessen.
Wie sollte es hell werden ohne das Licht?
Ihr habt euch erinnert, ihr seid erwacht, ihr seid angekommen.
Ihr seid zu Hause.
Immer habt ihr es außerhalb gesucht, doch es war immer in euch.
ICH war immer in EUCH!“

☆☆☆

Aus Seelenverträge Band 4:

Die Übergangsphase und ihre Auswirkung auf uns

Ihr Lieben, wir grüßen euch, Wir wissen wer ihr seid, wir erkennen jeden von euch an seinem Seelenstrahl. Wir wissen, wer dies liest.

Die Geistige Welt spricht hier als Gruppe. Wir sind die Erzengel, Engel und Aufgestiegenen Meister. Wir sind eure Geistführer, Mentoren und eure Sternenfamilie.

Die Seele als solche strahlt und ist auf dem Seelenstrahl inkarniert, dessen Farbe sich nie ändert, also viele Inkarnationen gleich bleibt. So erkennen wir euch an eurem Strahl.

Freundin und Freund, wir erkennen jeden Einzelnen von euch an seinem Seelenstrahl. Da ihr euch noch in der Phase der verkörperten Lichtwerdung befindet, nehmen wir, die Geistige Welt, euch gerne an die Hand, um euch in die Vollkommenheit zu führen. Viele Menschen sind längst eingetreten in das goldene Sein, doch einige von euch sind noch nicht einmal erwacht. Das heißt, ihr befindet euch in der Neuen Energie und doch nicht! Denn wenn ihr, die es geschafft haben, aus der Schwingung rutscht, fängt euer

Körper an zu schmerzen, eure Seele weint, und es greifen die Netze eures Seelenplans.

Das Sicherheitssystem eures Seelenplans ist von euch selbst festgelegt, sodass ihr nicht ganz aus der Energie herausfallen und um Hilfe bitten könnt, weil ihr es bemerkt.

Das Eintreten in die höchsten Energien bedeutet, dass ihr euch bewusst sein solltet, was das für euer Leben heißt. Es fließt leicht, denn alles, was ihr braucht, schwimmt im goldenen Fluss auf euch zu.

Wir wissen, wie es euch geht, wir wissen es. Denn wir haben euch begleitet und tun es weiterhin. Jeder, der diese Zeilen liest, hat sich selbst schon im eigenen Sicherheitsnetz wiedergefunden.

Depression, Schmerzen, Verspannungen, Unzufriedenheit, Müdigkeit, der Drang nach besonders viel Schlaf. Das sind einige Beispiele, wie es sich anfühlen kann, wenn sich das Warnsystem der eigenen Lebensplanung meldet. Was nichts anderes zu bedeuten hat als: Überdenke deine Richtung, deinen Weg, denn du hast dein Leben nicht so geplant, wie du es gerade lebst.

Ja, das sind die Auswirkungen der Lichtwerdungsphase. Außerdem gleitet ihr leicht ab, da noch viele eurer Mitmenschen nicht so weit sind und ihr ihnen helfen wollt.

Die Seelenfamilie, die mit euch inkarniert ist und die ihr so lieb habt: Ausgerechnet diese Personen können euch immer wieder ins Straucheln bringen. Denn ihr versucht zu helfen, das ehrt euch. Aber so rutscht ihr leicht in die Schwingung eures Gegenübers. Das kann müde machen und kraftlos.

Wir wissen es, wir fühlen mit euch. Daher möchten wir nun eingreifen, ja, die Geistige Welt hat hier eine Planänderung vorgesehen. Eine Planänderung, hinter der eine Segnung steckt. Damit ihr es leichter habt. Ja, wir haben gesehen, ihr seid müde, die hohen Würdenträger sind müde und erschöpft, und ihr habt doch schon so viel getan. Wir haben euer Rufen gehört.

„Ich bin es Jeshua, euer Jesus Christus, in der Geistigen Welt Lord Sananda genannt.
Ich bewirke nun für euch eine Änderung, eine Segnung. Ab jetzt müsst ihr eure Schwingung nicht mehr verlassen, um denjenigen zu helfen, die auch das volle Bewusstsein anstreben, aber noch nicht erwacht sind. Um denen zu helfen, die abgerutscht sind, könnt ihr nun im Feld der Liebe verweilen, das eure geistigen Mentoren für euch erschaffen haben. Wir, die Geistige Welt, bilden für euch das Zwischenstück, sodass ihr nicht mehr der Gefahr ausgesetzt seid, abzurutschen.

An alle, die müde und vor den Energietoren zum vollen Bewusstsein zusammengebrochen sind, nicht mehr fähig, die Tore zu öffnen: Wir wissen, wer ihr seid, hohe Würdenträger. Viele Inkarnationen habt ihr euch vorbereitet auf diese Zeit. Nun, am Ziel angekommen, seid ihr müde und könnt nicht mehr.

Ich, Jesus Christus, gehe dir entgegen, bin bei dir angekommen und reiche dir die Hand.

Komm, Freund, komm, Freundin, wir kennen uns, gib mir deine Hand, und wir gehen gemeinsam in die Vollkommenheit, damit du im Himmel und auf Erden gleichzeitig sein kannst.

Goldorange um uns herum, das Licht gleicht einer wunderschönen Sonne, wir gehen hinein, wir gehen zusammen durch die Tore.

Du bist sicher an meiner Hand. Nun sei gefeiert und gesegnet, liebes Kind, so habe ich dich immer genannt, als du klein warst. Erinnerst du dich daran? Erinnerst du dich an uns? Schau dich um, sieh die Freude und fühle die allumfassende Liebe.

Es ist geschehen, du bist wieder in der himmlischen Energie.

Ein Engel ist zurückgekehrt.

An Jeshuas Hand zurückgekehrt. Sei gesegnet, liebes Kind, und sei liebevoll getaucht in goldorange strahlendes Licht.

So sei es.

In Liebe, dein Christus.

Ich danke dir für dein Vertrauen. Willkommen zurück, Freundin und Freund."

Aus Seelenverträge Band 5:

Jeshua erklärt aus Sicht der Geistigen Welt, wie Botschafter des Lichts wirken

Ich bin, der ich bin und immer war, jetzt und allezeit. Seid gegrüßt, ich spreche nun persönlich zu euch.

Ich werde in der Geistigen Welt Sananda genannt, viele kennen mich auch als Jeshua oder Jesus Christus. Auch ich war oft inkarniert und bin wieder unter euch.

Der Aufstieg von Gaia und ihren Bewohnern ist ein besonderes Ereignis, sehr gut überwacht und geplant von den Göttern selbst. Ja, Götter aller Religionen.

Wir wissen, wie es euch geht, wir erkennen jeden von euch an seinem Seelenstrahl, wir sind dabei, wenn ihr diese Schriften und Zeilen aufnehmt. Dieser Satz und andere wurden immer wieder wiederholt, weil sich so ein Erinnern einstellt. Eure Seele weiß warum, sie weiß es.

Die Botschafter des Lichts haben sich bereiterklärt, ihr Wirken in unseren Dienst zu stellen. Sie taten das schon vor der Inkarnation anhand der Planung ihres Lebens. Dafür dankt die Geistige Welt sehr, und sie werden reich belohnt! Es ist kein leichtes Wirken, denn die Lichtarbeiter haben sich bereiterklärt, gleichzeitig für andere aufzulösen und Tore zu öffnen, indem sie voranschreiten. Dazu gehört viel Energie, denn die Körper sind Materie, und der Weg zum vollen Bewusstsein beinhaltet Gefahren.

Nun, die Botschafter des Lichts, die die Brücken zum Himmel bilden, aber auch Brücken zwischen den Erdenschwingungen sind, befinden sich im Zenit. Aber der Grat ist sehr schmal. Es ist vergleichbar mit einem Bergsteiger, der sehr hohe Gipfel erklimmt und einen Punkt erreicht, der für seinen Körper gefährlich ist. Er ist gezwungen, innezuhalten, um sich an die extreme Höhe zu gewöhnen, und hat Mühe, nicht abzustürzen.

Das Tor zu öffnen ist eine Energiearbeit sondergleichen, es ist zu vergleichen mit einer Bergbesteigung in Höhen, die normalerweise nicht ohne Sauerstoffgerät zu bewältigen sind. Immer in der Gefahr, dass es für den Körper, der noch Materie ist, zu ermüdend ist, dass das, was vorher in der geistigen Heimat so gut geplant wurde, im Leben nicht zu schaffen ist. Denn wie ihr wisst, kann der Aufstieg im Leben stattfinden sowie durch das Abstreifen des physischen Körpers, dem Tod.

Die Seele erinnert sich und sehnt sich so sehr nach dem, was auf der anderen Seite des Ufers ist. Das ist von Bedeutung, denn es befinden sich viele von euch Lichtarbeitern mit besonderer Mission auf diesem schmalen Grat. Sie haben Symptome eines Extrembergsteigers oder Marathonläufers. Der Aufstieg findet sehr schnell statt, was für Körper, Geist und Seele eine Herausforderung ist und durchaus gefährlich sein kann. Darum achtet ihr Wirken, sie tun es zum Wohl aller. Sie tun es für die ALL-EIN-HEIT.

Einige Beispiele für Aufstiegssymptome:

- Schwindel, auch oft das Gefühl, schwerelos zu sein, an der Decke zu schweben (Merkabah wird energetisiert, bald schon teleportieren wir damit).
- Hitzegefühl und plötzliches Schwitzen, oft nachts (einströmende Energie).
- Regelmäßiges Aufwachen zwischen 2.00 und 5.00 Uhr morgens (der Körper stellt sich um auf weniger Schlaf).
- Innere Unruhe und Kribbeln, Vibrieren im Körper.
- Herzbeschwerden, Herzrasen, Herzstolpern und ein Gefühl von Enge in der Brust.
- Nacken und Rückenbeschwerden, das Gefühl von dumpfem Druck und Ziehen.
- Kurzzeitige Probleme, sich zu konzentrieren, der Kopf fühlt sich an, wie in Watte gepackt.
- Sehstörungen, Geräusche im Ohr, Gefühlsausbrüche.
- Das Gewicht scheint immer mehr auf das zu reagieren, was man aussendet (Gedanken, Sprache, Emoti-

on). Weniger auf das, was man zu sich nimmt (Gesetz der Anziehung). Der Körper befindet sich im Kristallisierungsprozess.

- Plötzliche grippale Symptome (Reinigung).
- Großes Bedürfnis nach Ruhe, Meditation und Zeit für sich.

Achtung!

Bei länger anhaltenden Symptomen bitte unbedingt zum Arzt oder Heilpraktiker gehen!

☆☆☆

Aus Seelenverträge Band 6:

So sei es, ich bin Erzengel Michael!

Die spirituellen Freundschaften sind bisweilen wie zwei kleine Bäume im Wald, die nah nebeneinander wachsen. Wächst einer schneller, verdrängt er den anderen Baum. Ein Baum würde also eingehen. Also sollten sich die Bäume in dem Fall loslassen, damit jeder für sich die Chance hat, zu wachsen. So können beide groß werden und ihrer Bestimmung entgegenwachsen.

Wenn sich also die Menschen bewusst werden, sich achten, lieben und teilen, wird Großes entstehen.

Ihr seid selbst eure Herren und Meister, ihr seid selbst Könige und Königinnen. Achtet bitte auf das, was ihr aussendet, es kommt tausendfach verstärkt zu euch zurück.

Bettelstab und Goldschatz liegen nah zusammen, und ihr bestimmt, wie euer Leben wird. Kein Engel kann euch helfen, wenn ihr euch über den freien Willen gegen die hermetischen Gesetze (karmisches Gesetz) entscheidet und dagegen handelt!

Wir müssen warten, bis ihr erkennt, dann erst dürfen wir eingreifen. Denn wir achten euren freien Willen.

In den goldenen Energien bedeutet das, dass sich euer Leben unmittelbar zum Positiven wenden kann. Das geschieht, wenn ihr erkennt und eins seid mit eurem SELBST. EINS MIT DEM, was IST: DER ALL-EIN-HEIT! Dem Kosmos.

☆☆

Die Reise zurück ins Licht ist besonders für jene beschwerlich, die sich bisher von Frequenzen umgeben sahen, die eine gewisse materielle Schwere (Geld) in sich haben. Außerdem gaben sich diejenigen, die eurer Wirtschaft und Politik vorstehen, gerne dem Spiel der Trennung hin.

Doch nun ist es Zeit für sie, zur Quelle zurückzukehren, denn die ehemaligen Kinder der Neuen Zeit drängen in ihre Ämter und lassen nicht los, ehe der neue Gerechtigkeitswind weht.

Was ist also mit den Menschen, die noch in Vibrationen leben, in denen es schwerfällt, aufzuwachen? Nun, sie spielen das Spiel der Dualität so lange, bis selbstgewählte Läuterungen einsetzen. Diese Läuterungen sind aber tatsächlich wegweisend für jene, die dieses Spiel brauchen, um aus dem Kreis der alten Muster, Ängste, Glaubenssätze und Abhängigkeiten herauszufinden.

Wertet bitte nicht über jene, die scheinbar noch in alten Machtstrukturen verhaftet sind, denn sie brauchen euer Licht, um so wie ihr die Brücke der Erhebung zu beschreiten. Sie brauchen tatsächlich mehr Mut und Vertrauen, denn die Lichtarbeiter, die auf diesen Zwischenstationen ihren Dienst taten, sind längst weitergezogen und wurden zu ihren nächsten Aufgaben gerufen.

Die geistigen Mentoren leuchten jenen den Weg, die noch nicht richtig erwacht sind. Daher brauchen die Nachrückenden absolutes Vertrauen, sonst würden sie das Leuchten nicht einmal sehen und als Hilfestellung erkennen.

Wir halten die Tore auf, und es werden euch tatsächlich auch viele derjenigen nacheilen, die ihr bislang als dunkel bezeichnet habt.

Denn in den Reichen des Lichts gibt es keine Trennung zwischen Dunkel und Hell! Und wir beklatschen auch diejenigen, die sich so lange dem Spiel der Dualität hingaben. Denn sie stammen wie ihr aus der Quelle der Einheit. Sendet ihnen bitte Energien der Liebe und nicht Hass, Wut oder Unverständnis. Dadurch könnt ihr ihre Zuwendung zum Licht erleichtern und den gemeinsamen Zykluswechsel beschleunigen.

Ich bin der, der ich bin und immer war.
So sei es.

In Liebe,
dein Erzengel Michael

☆☆

Die kosmischen Gesetze

Der Geist ist allmächtig, das Universum ist mental.
Wie oben, so unten; wie unten so oben.
Wie innen, so außen.
Prinzip der Polarität.
Prinzip der Schwingung.
Jede Ursache hat eine Wirkung.
Jede Wirkung hat eine Ursache.
Das Gesetz der Anziehung
Geschlechtlichkeit ist in allem.

Diese kosmischen Gesetze werden dir in deinem Dasein immer wieder als Aufgaben begegnet sein, da sie Teil deiner Abmachung sind und ein wichtiger Erkenntnispunkt in der Blaupause des Lebens. Die kosmischen Gesetze gelten mittlerweile auf der Erde eins zu eins.

Aus Seelenverträge Band 7:

Der Weg der Umsetzung

Ihr habt euren Seelenplan erspürt und ihn bejaht. Jetzt geht es um die Fragen:

Wie setzt ihr ihn um?
Was müsst ihr bei der Umsetzung beachten?
Ihr seid euch eurer Ziele bewusst, aber wie sieht der Weg dorthin aus?

Es gibt zwei Themen, die ihr immer wieder anwenden und umsetzen müsst:

Vertrauen und Loslassen.

Euer Leben fordert immer wieder die Energie des Vertrauens und des Loslassens. Immer und immer wieder. Anfangs tut ihr euch schwer mit dem Vertrauen. Es ist Übungssache. Ihr müsst es trainieren, immer wieder, und dann, eines Tages, ist euer Unterbewusstsein durchtränkt von Vertrauen. Dann könnt ihr gar nicht mehr anders.

Ihr vertraut.

Und wenn ihr vertraut, beherrscht ihr perfekt eure andere Lernaufgabe:

Loslassen.

Euer Weg zu euren Zielen ist immer wieder gekennzeichnet vom Loslassen. Immer wieder müsst ihr loslassen. Alte Verhaltensmuster, alte Denkweisen, Menschen, Situationen, überholte Vorstellungen. Immer wieder. Nur so könnt ihr eure Ziele verwirklichen und in die Materie bringen. Es erfordert ein kontinuierliches Training und Überprüfen der Gedankenmuster. Wir wissen, es ist nicht einfach, es auf menschlicher Ebene umzusetzen. Aber ihr seid nicht allein. Wir sind bei euch, wir führen und wir helfen euch, und wir senden euch immer wieder Menschen, die euch helfen.

Wir führen euch zu Türen, die sich öffnen. Aber bevor ihr zu der geöffneten Tür gehen, bevor ihr sie überhaupt finden könnt, müsst ihr den Blick abwenden von der Tür, die sich gerade geschlossen hat. Ihr müsst diese Tür loslassen, damit ihr die geöffnete Tür findet.

Ihr müsst loslassen und euch weiterbewegen, euren Blick heben, aufmerksam sein und wissen: Es gibt eine andere Tür, die sich in dem Moment geöffnet hat, als sich die andere geschlossen hat.

Deswegen, wenn sich auf eurem Weg eine Tür schließt, was immer wieder vorkommt, verweilt nicht an dieser geschlossenen Tür und bleibt dort regungslos und mit gesenktem Blick stehen. Nein, lasst diese Tür los, hebt voller Vertrauen den Blick und lasst euch zu der Tür führen, die sich öffnet, in dem Wissen, dass es diese Tür gibt und etwas viel Besseres für euch vorsieht.

In dieser Zeit der Übergangsphase und des extremen Energiegefälles kann es sehr häufig vorkommen, dass sich Türen plötzlich schließen, die sich gerade erst für euch geöffnet hatten. Das liegt daran, dass ein Teil der Menschheit in Anbetracht der Zeitbeschleunigung vor lauter Schreck kurzfristig in alte Verhaltensmuster zurückfällt. Gleichzeitig ist aber eine Zeitbeschleunigung vorgesehen. In diesem Fall müssen wir euch unverzüglich zu einer anderen Tür führen, weil ihr nicht so lange warten könnt, bis sich die Menschen hinter der ursprünglichen Tür wieder gefangen haben und auf ihren Weg zurückgehen. In dieser Zeit führen wir euch lieber sofort zu einer anderen Tür, hinter der die Menschen mit der Zeitbeschleunigung mithalten können. Das ist der Grund, warum ihr innerhalb kürzester Zeit hierhin und dorthin geführt werdet. Jeder kann seine Wahlmöglichkeit wahrnehmen. Niemand bleibt ohne Chance.

Und ihr, die ihr euch nicht beirren lasst durch die Zeitbeschleunigung, dürft nicht aufgehalten werden.

Vertraut dieser Führung. Vertraut und lasst immer wieder los. Wir haben den Überblick. Von der menschlichen Ebene könnt ihr nicht alles überblicken. Erst im Nachhinein wird es euch klar.

Vertraut euren Impulsen und folgt ihnen. Folgt den Impulsen zu handeln genauso wie abzuwarten. Wir haben den Überblick, wann der optimale Zeitpunkt zum Handeln eintritt. Es ist immer ein Wechsel: handeln, abwarten, handeln. Euer Weg erfolgt in Zyklen:

Vertrauen – Loslassen.

Handeln – Abwarten.

Wenn ihr unsicher seid, geht immer wieder in die Absicht, eurem Seelenplan zu folgen und dem Willen eurer Seele zu entsprechen. Immer wieder. Ihr könnt dann gar nicht anders, als dem Weg eurer Seele zu folgen, auch wenn ihr einmal verunsichert seid oder den Überblick verliert.

Wenn ihr euch auf dem Weg befindet, müsst ihr auf ein besonderes Gleichgewicht achten. Achtet darauf, dass ihr das spirituelle und das irdische Erleben in gleichen Anteilen lebt. Achtet bitte darauf.

Das ist die Voraussetzung für den materiellen Fluss. Das ist die Ursache dafür, dass so viele spirituell arbeitende Menschen nicht in der materiellen Fülle leben. Liebt das irdische Leben in all seinen Facetten. Genießt die irdischen Dinge. Bekennt euch dazu, dass Geld Energie ist. Geld ist der Maßstab dafür, wie es mit eurem Energiegleichgewicht aussieht. Anhand des Geldflusses könnt ihr überprüfen, wie es mit eurer Erdung aussieht.

Geld ist nichts anderes als Energie.

Erdet euch immer wieder, erdet euch. Geht hinaus in die Natur, hinaus ins Leben. Genießt die Gesellschaft anderer Menschen. Geht ins Kino, schwimmen, tanzen. Macht etwas Verrücktes oder Unsinniges. Seid wieder Kind.

Lebt, lebt, lebt!

Genießt die Materie, genießt euer irdisches Dasein. Taucht ein in die Materie und lasst, wenn ihr viel geistig gearbeitet habt, auch mal die spirituelle Arbeit los. Das ist wichtig für euren Weg.

Bringt euch immer wieder ins Gleichgewicht, immer wieder. Lebt ein Leben in Balance. Das ist wichtig für euren Energiefluss. Wenn ihr in Balance lebt, kann die materielle Fülle umso leichter zu euch fließen. Es ist alles

Training und ein ständiges Beobachten und Korrigieren. Aber auch hier habt ihr bald euren Rhythmus gefunden und den Dreh raus.

Erinnert euch, als ihr Autofahren gelernt habt. Die Balance zwischen Kupplung, Brems- und Gaspedal. Erinnert ihr euch, wie holprig ihr die ersten Fahrstunden gefahren seid und wie mühevoll es war, und manch einer von euch dachte, das lernt er nie? Und nun macht ihr euch keinerlei Gedanken mehr. Ihr betätigt ohne Aufheben die unterschiedlichen Pedale und macht teilweise zig andere Dinge nebenher, telefoniert mit dem Handy, raucht, sprecht mit eurem Beifahrer und beachtet zusätzlich noch die Verkehrsregeln. Seid ihr in Harmonie, ist das alles ohne Komplikationen, und es läuft, ohne dass ihr euch irgendwie anstrengen oder nachdenken müsst. Reine Trainingssache.

Genauso verhält es sich mit dem Gleichgewicht zwischen dem spirituellen und dem irdischen Erleben. Ihr müsst euch einfach bewusst sein, dass beides zum Leben gehört. Genauso wie Brems- und Gaspedal zum Auto. Fehlt ein Pedal oder funktioniert nicht richtig, ist die Fortbewegung mit dem Auto nicht mehr möglich.

Ihr Lieben, wir, euer Höheres Selbst, wir, die Geistige Welt, bitten euch: Ruft euch immer wieder ins Bewusstsein:

Bejahung des Seelenplans.
Vertrauen.
Loslassen.
Führen lassen von den Impulsen,
die wir euch senden.
Das wiederum bewirkt: handeln, abwarten.
Und achtet auf euer Gleichgewicht:
Spirituelles Erleben,
irdisches Erleben.

Wenn ihr diese Aspekte immer wieder überprüft, wird aus eurem Weg, der euch oft als unstet und schwankend, mühevoll und eng erscheint, ein gerader, fester, leichter Weg.

Ihr seid nicht allein. Wir helfen euch. Und wenn ihr uns nicht hören könnt, senden wir euch Menschen, die euch unsere Botschaft vermitteln. Wir lassen euch nicht allein.

- ⇨ Denn ihr seid die Erbauer des Goldenen Jerusalems.
- ⇨ Ihr seid die, die sich zu ihrem Seelenplan bekennen.
- ⇨ Ihr seid die, die in die Absicht gegangen sind, ihren eigenen Willen dem Willen der Seele unterzuordnen.
- ⇨ Ihr seid die, die in die Absicht gegangen sind, ihren eigenen Willen unter den Willen des höchsten Einen zu stellen.

⇨ Ihr seid die, die in die Absicht gegangen sind, den göttlich erwachten Menschen auf Erden zu leben.
⇨ Ihr seid die Avatare der Neuen Zeit.

Meint ihr wirklich, wir lassen euch allein, meint ihr das wirklich?

Nein, wir führen und leiten euch und freuen uns darüber, dass ihr verwirklicht, was wir aufgeschrieben haben.

Ihr seid unsere inkarnierten Seelenanteile.

Wir sind ihr, und ihr seid wir.
Ich bin du, und du bist ich.
Es gibt kein Allein.
Es gibt nur ein ALL-EIN.
Seid gesegnet.
Sei gesegnet, Avatar auf Erden.
DU, der DU bist der
göttlich erwachte Mensch auf Erden.

AN`ANASHA – Danke.

☆☆☆

Aus Seelenverträge Band 8:

Erzengel Michael: Liebe verleiht Flügel!

Der Schatz an Lebenserfahrung, den ihr bis dato gesammelt habt, dieser Erfahrungsschatz ist unendlich kostbar. Doch das Kostbarste überhaupt ist, dass du mittlerweile selbst die Liebe bist. Denn so darf sich der Schöpfer über dich erfahren, so kommst du selbst immer mehr in deine Schöpferkraft und, vor allem: Das Leben an sich wird leicht. Der Fluss der goldenen Energien spült dir alles vor die Füße, was du brauchst.

Lichtarbeiter, was für ein Wort. Oft haben wir es in diesen Büchern genannt, denn ohne euch wäre dieser Wandel niemals möglich gewesen. Sogar der Aufstieg von Mutter Erde und der Menschheit wäre ohne euch nicht möglich gewesen.

Wahrscheinlich fällt es gerade denen schwer, Lob anzunehmen, die sehr viel für das Licht tun, oft inkognito und an Stätten, die durchzogen sind von alten Energien.

Das Wichtigste ist nicht, dass die anderen dich erkennen und wertschätzen. Das Wichtigste ist, dass du dich erkennst und wertschätzt, dass du weißt, welch kostbare, weise, mächtige Seele du bist.

Oft werde ich, Erzengel Michael, gefragt, warum es immer noch Täter und Opfer auf der Erde gibt. Nun, das Spiel der Dunkelmächte war grausam, und die Menschen brauchen unterschiedlich lange, bis sie aus den Nebelschwaden des Vergessens auftauchen können. Wer im Vergessen, in der Energie des Hasses und der Gier feststeckt, der erfährt sich, wie unter Zwang, immer wieder genau über das, was er im Inneren mit sich trägt.

Doch die göttlichen Energien erreichen jeden. Da gibt es Menschen, die halten diese Energien aufgrund ihrer inneren Einstellung nicht aus, andere wiederum baden geradezu genüsslich in diesem goldenen Energiepool.

Bedenkt bitte, dass je mehr Helligkeit vorhanden ist, umso dunkler die Schatten sind.

Das kosmische Gesetz der Polaritäten hat Beständigkeit, es wird euch immerdar begleiten.

Wenn eine Bevölkerung extreme Gewalttaten verkraften musste, dann gibt es in dieser Region auch viele Helden, die einfach so aus dem Herzen heraus helfen.

Viele Menschen wachen erst dann auf und beginnen ihre Lebensaufgabe anzunehmen, wenn sie das Leid der Nachbarn sehen. Wenn sie durch die Trauer und den

Schmerz der anderen Mitbürger nur den einen Wunsch haben: zu helfen.

Ehrenämter sind durchaus sehr wertvoll, denn dabei wird nicht nur den Betroffenen geholfen, sondern auch der Person, die das Ehrenamt ausführt.

Wenn um euch herum vieles in der Veränderung ist, werdet ihr auch auf Stillstand treffen. Denn je mehr Fließkraft vorhanden ist, umso heftiger werdet ihr sicherlich die kurze Phase des Innehaltens empfinden.

Wenn du selbst die Liebe bist, wirst du auch auf liebe Menschen im Außen treffen. Je heller allerdings dein Seelenstrahl strahlt, umso mehr bist du in der Lage, alles, was dunkel ist, zu transformieren.

„Liebe verleiht Flügel" heißt die Überschrift, doch die Liebe geht immer einher mit dem süßesten Schmerz aller Schmerzen: Der Lust, dem Verlangen, dem Begehren, der Hingabe, dem Wunsch nach inniger Verschmelzung, dem Wunsch, sich zu erfahren, indem man gibt, oder einfach nur dem Bedürfnis nach Einheit.

Die Flügel der Liebe sind die Heilung. Es gibt keine mächtigere Heilenergie auf der Erde, als die Frequenz der Liebe.

Die zwischenmenschlichen Gefühle sind meistens die erste Stufe zum Erreichen der bedingungslosen, göttlichen Liebe.

Wer sich oft verliebt, wer auch oft den Schmerz der Trennung erlebt hat, wird wissen, dass Liebe und Schmerz zusammen gehören. Es scheint, dass das eine ohne das andere nicht existieren kann. Wer sich aber in dem Zustand der tiefen Liebe befindet, wird wissen, dass es sehr bewusstseinsfördernd sein kann, wenn man es zulässt. Dass jedoch im Zustand der tiefen Liebe auch Demut gefragt ist. Demut im Sinne von: Ich muss mich nicht über alles stellen, ich bin mir meiner Stärke und Weisheit so bewusst, dass ich sie nicht über andere Menschen suchen muss.

Wer sich auf einer rosaroten Wolke wiederfindet, weil das Gefühl des Verliebt-Seins so stark ist, wird sicherlich auch die Erfahrung der Bauchlandung machen dürfen. Wer selbst die Liebe ist, wird diese auch im Alltag leben können.

Wenn dein Herz nicht ganz frei ist, weil du zwar auf der Suche nach einem neuen Partner bist, du aber die Vergangenheit noch nicht ganz verarbeitet hast oder deinen Ex-Partner noch liebst, dann wirst du auch im Außen immer wieder auf Menschen treffen, die zwar sagen, dass sie dich lieben, jedoch selbst noch nicht frei sind.

Du ziehst immer wieder das an, was der Status deines Inneren Kindes ist, und das ist gut so, denn wie sollten deine Themen sonst an die Oberfläche gespült werden? Ist ein Lernthema erst einmal in der Emotion, wird es automatisch von euch weggespült.

Bedenkt, dass ihr jedoch unter anderem einen ganz wichtigen Grund hattet bei eurer Inkarnation, und zwar: Ihr wolltet euch in allen Lebenslagen und Lebenssituationen erfahren. Ihr wolltet dadurch dem Schöpfer die Möglichkeit geben, sich durch euch auf der Erde (er)leben zu dürfen. Dafür seid ihr gekommen, das ist einer der Gründe, warum ihr hier seid.

Der Schmerz, das Leid, die Trauer, die Liebe, um nur einige Beispiele zu nennen, haben euch zu Erdenengeln gemacht, denn dabei habt ihr gelernt, eure Flügel auszufahren. Ihr habt gelernt, den eigenen Kräften zu vertrauen.

In Liebe und Dankbarkeit.
So sei es.

Seid gesegnet,
euer Erzengel Michael.

Aus Seelenverträge Band 9:

Verliebt sein ist nicht schwer, beständig Liebe sein dagegen sehr

Ich liebe mich so, wie ich bin.
Ich lebe das Leben mit Selbstachtung
und Selbstverantwortung.
Wer dies nicht kann, wird auch nicht die
wahre Liebe erfahren können.

Wir sprachen unter anderem von der heiligen Sexualität. Heilig, dieses Wort haben wir mit Absicht gewählt, um auszudrücken, dass Liebe im Goldenen Zeitalter bezaubernd sein kann. Es ist schwer, die richtigen Worte zu finden, denn Worte reichen nicht aus, um zu beschreiben, was das Sich-Begegnen in der bedingungslosen Liebe alles bewirkt.

Immer wieder haben wir davon berichtet, dass die Bewusstwerdung der Menschheit, der Aufstieg der Erde, eines mit sich bringt: Das, was sich an alten Mustern lösen muss, weil es nicht kompatibel ist mit den goldenen Energien, darf erst einmal extrem gelebt werden. Die Medien bringen zum Beispiel skandalösen Umgang mit Tieren in alle Wohnzimmer, um die Leute wachzurütteln.

Es sieht also erst einmal so aus, als ob alles eher nur noch schlechter wird statt besser. Die Polaritäten bewirken zuerst, dass das Pendel der Gegensätzlichkeit heftig auf diese Seite schwenkt, die etwas zu transformieren hat. Die Menschen sehnen sich nach Frieden, doch es scheint, als würde dieser in weiter Ferne sein. Wo etwas aufzulösen ist, da brennen die Feuer der Transformation.

So scheint zurzeit alles auf dem Prüfstand zu stehen. Partner werden sich immer wieder im Strudel von Resonanzverhalten wiederfinden. Das Gegenüber spiegelt sofort heftig, wenn irgendeine Handlung nicht stimmig ist mit dem Seelenplan und den goldenen Frequenzen.

Das kann sehr anstrengend sein, ob im familiären Bereich, in der Liebe, im Beruf oder in der Politik. Denn die Spiegelungen sind so heftig, dass sie oft heftige Auseinandersetzungen mit sich bringen.

Darum sollte man sich nicht scheuen, sich selbst zu hinterfragen. Das ist gerade dann sehr wichtig, wenn man Resonanz spürt. Weil irgendwer etwas gesagt oder getan hat, was man als störend oder verletzend empfindet.

Wer das Thema der fehlenden Selbstachtung hat, wird zum Beispiel von der Familie, den Kollegen usw. immer wieder in diese Selbstachtung geschubst. Weil diese sich so vehement unsensibel benehmen, dass man nicht anders kann, als sich das eigene Thema der Selbstachtung anzusehen.

Man badet geradezu in diesen Emotionen: „Ich bin es nicht wert, ich werde nicht geachtet", und das kann zu Trennungen führen, denn die scheinbare Schuld wird gerne erst einmal bei anderen gesucht. Verständlich, hat man euch doch jahrzehntelang suggeriert, dass ihr Probleme im Außen lösen könnt.

Ein Problem, das mit dir selbst zu tun hat, kannst du nicht im Außen lösen. Aber sobald du erkennst, dass du dich zum Beispiel selbst achten musst, damit andere dich achten, kann sich das leidige Thema geradezu wie in Luft auflösen, weil dann das schmerzende Resonanzverhalten der Personen, mit denen du zu tun hast, aufhört.

Eigenliebe, Eigenverantwortung, Selbstachtung, Selbstschutz und Selbstwürde sind sehr wichtig, denn nur so können Harmonie, Frieden und wahre Liebe eintreten.

Die glückliche Partnerschaft ist etwas, was sehr oft auf den Wunschzetteln steht, die uns in der Geistigen Welt erreichen.

Denn verliebt sein ist nicht so schwer,
Liebe sein dagegen sehr!

Der Weg zum vollkommenen Glück ist gepflastert mit Stolpersteinen, so scheint es fast. Doch eigentlich sind diese Stolpersteine wegweisend, und auch wenn es so scheint: Diese Lernaufgaben bringen euch keinesfalls vom Pfad ab.

Wer sich in den Mühlen des Alltags befindet, wird sich manchmal schwertun mit dem Klarsehen und Fühlen. Verständlich, denn das, was ihr da so nebenbei erledigt, würde vermutlich jeden Erzengel zu Fall bringen, müsste er all die Alltagsarbeit zusätzlich zu seinem Bewusstseinswirken erledigen.

Dies nur, damit ihr seht, wie wertvoll und hochgeachtet eure Arbeit ist.

Nicht selten applaudieren deine Engel, wenn du wieder einen anstrengenden Tag geschafft hast. Sie klatschen in die Hände vor Stolz und Freude, weil du in der Freizeit auch noch die Kraft hast, dich um den Zustand deiner Seele zu kümmern.

So viele Helfer hast du an deiner Seite – Erzengel, Schutzengel, Aufgestiegene Meister und all die Angehörigen, die auf dieser Seite des Himmels auf dich warten. Sie alle tun, was in ihrer Macht steht und darüber hinaus, um dir zu helfen, dich zu schützen und zu unterstützen.

Was immer du an Erfahrung brauchst, um weiterzukommen, deine Engel führen dir all das zu, damit du zu deinem eigentlichen Sein zurückfinden kannst.

Denn wer die Liebe selbst sein will, der wird den Pfad der Läuterungen gehen dürfen. Ist das aber geschafft, erlangt der Reisende nach und nach die göttliche Macht und Kraft zurück, die ihm seit Urzeiten schon zu eigen sind.

Wer immer alles heruntergeschluckt hat, weil die Angst vor Konfrontation zu mächtig war, die/der wird auf dem Weg lernen, zu explodieren. Erst einmal wird die Reise zu sich selbst dazu führen, dass man sich in Situationen wiederfindet, die man womöglich beim Zurücksehen mit Kopfschütteln betrachtet.

Sollte da etwas sein, was du bereust, dann vergib dir bitte selbst. Nur so kannst du Vergebung von anderen erlangen.

Wer verletzt, wird selbst verletzt; wer seine Macht missbraucht, der wird um seine Macht kämpfen müssen; wer lügt, wird belogen; wer betrügt, wird betrogen.

Das Gesetz der Resonanz sollte ausreichen, um diejenigen auf den lichtvollen Pfad zu bringen, die dem Licht zwar hinterherliefen, doch die bislang nie wirklich selbst Licht waren.

Gerade die, die sich als die Mächtigen der Erde sehen und Verantwortung für viele Menschen haben, tragen die Zeichen der spirituellen Läuterung in ihren Gesichtern. Bedenkt bitte, dass gerade die Politiker eurer Lichtarbeit bedürfen, denn wer viel Verantwortung auf seinen Schultern trägt, wird unweigerlich diesen ermüdenden Druck spüren. Die Energie eines einzelnen Lichtträgers kann schon helfen, dass jene ihren Lebensplan erfüllen können, die Millionen von Menschen in ihrer positiven Lichtpulsung führen.

Vergiss bitte nie, dass die Menschen, die sich klein wähnen, die sich zum Mittelmaß zählen, dass jene den Tarnmantel des Normalbürgers so lange tragen, bis der individuelle Startschuss für ihre Lebensaufgabe erschallt.

Die Großen lernen von den Kleinen, nicht umgekehrt. Wahre Lichtarbeit findet meistens nicht in der Öffentlichkeit statt, wird oft nicht mal von denen wahrgenommen, die diese wertvolle Arbeit tun.

Wer denkt, dass er klein ist und nicht viel bewirken kann, der täuscht sich. Denn die Tarnung der Erdenengel ist so perfekt, dass nicht einmal die eigene Familie und Freunde bemerken, wer da an ihrer Seite ist. Das ist eine Absprache in Liebe. Denn wenn du wirklich von Anfang an gewusst hättest, was für ein mächtig göttliches Wesen du bist, wärst du Gefahr gelaufen, dass dein eigenes Ego dich überflügelt hätte.

Wie sehr wir dich lieben, wie sehr…

☆☆☆

Über Leila Elaisa Ayach

Der spirituelle Weg beziehungsweise die spirituelle Suche von Leila Eleisa Ayach begann vor mehr als zwanzig Jahren, bedingt durch den frühen, unerwarteten Gang ihrer Mutter in die Geistige Welt. Zunächst beschäftigte sie sich intensiv mit verschiedenen Weltbildern, studierte viele philosophische Schriften und kam schließlich mit den Schriften des Sufismus in Berührung.

Die Durchgabe der Seelenverträge bewirkten wiederum tiefe Transformationen in ihrem Leben.

Ihr Anliegen ist es, den Menschen zu helfen, wieder in Kontakt mit ihrem Seelenplan zu kommen. Sich wieder zu spüren und im Einklang mit der Seele und dem höchsten göttlichen Plan des Schöpfers zu leben.

Über Sarinah Aurelia

Sarinah Aurelia gab 2008 ihren Beruf auf, um mit ganzer Kraft für das Licht zu wirken. Es entstand ein lebhafter, lichtvoller und liebevoller Kontakt zu der Galaktischen Föderation des Lichts, den Erzengeln und geistigen Mentoren.

Die Durchsagen bieten die Möglichkeit, die Hände denjenigen entgegenzustrecken, die uns mit Sehnsucht dort erwarten, wo einst der Ausgangspunkt für unsere Reise auf die Erde war.

Leila Eleisa Ayach

Seelenverträge - Absprachen in Liebe

152 Seiten, A5, broschiert

ISBN 978-3-941363-24-3

Wir fühlen uns oft machtlos einem Schicksal ausgeliefert, verstehen nicht, was mit uns geschieht, sind verwirrt, verzweifelt und traurig. Wir haben unsere Seelenverträge vergessen, nur:
Seelenverträge – was bedeutet das?
Jeder von uns hat sich vor seiner Inkarnation auf der Erde einen Seelenplan festgelegt, in dem jede Herausforderung festgeschrieben ist, die unsere geistige Entwicklung fördert und uns auf den Weg zum Erwachen führt. Die Geistige Welt weiß um unsere Ängste und Nöte, unsere Herausforderungen, aber auch um unsere Sehnsüchte, Ziele und Wünsche, und möchte uns helfen zu verstehen, warum wir bestimmte Erfahrungen in unserem Leben machen.
Letztendlich geht es darum, im Einklang mit der Schöpferkraft und dem höchsten göttlichen Plan des Lichts zu leben – und die Schöpferkraft voll und ganz im Leben wirken zu lassen.

Leila Eleisa Ayach
Seelenverträge
Band 2+3
Die Bedeutung des spirituellen Mentors auf dem Weg zum Erwachen
Jeshua und das Goldene Jerusalem
Smaragd

Sarinah Aurelia

Seelenverträge Band 4 und 5

144 Seiten, A5, broschiert

ISBN 978-3-941363-77-9

Band 4: Die Übergangsphase

Viele Menschen sind längst eingetreten in die goldene Stadt, doch einige von euch sind noch nicht einmal erwacht. Das heißt, ihr befindet euch in der Neuen Energie, und doch wieder nicht. Und wenn ihr aus der Schwingung gleitet, schmerzt euer Körper und eure Seele weint.
Ihr gleitet leicht ab, da viele noch nicht so weit sind und ihr ihnen helfen wollt. Dafür müsst ihr aus eurer Schwingung heraus, um sie mit hochzuziehen. Wir wissen das, daher möchten wir nun eingreifen, denn die Geistige Welt hat hier eine Planänderung vorgesehen.

Band 5: Die Geheimnisse, die in euch schlummern

In der Welt, in der ihr lebt, entstehen wieder neue Welten, uralte Welten, die ihr alle gekannt habt, als ihr noch Kinder wart.
Eine dieser Welten heißt Shambala. Aber wie geht es weiter, fragt ihr? Ihr tragt die Lösungen in euch, ihr seid voller neuer Ideen.
Und wir nehmen euch wieder an die Hand, wir begleiten euch weiter durch diese Schriften. Es sind versteckte Kodes in ihnen enthalten, die deine Seele erkennt, und es geht für dich wieder eine Tür auf.

Leila Eleisa Ayach & Sarinah Aurelia

Seelenverträge Band 6 und 7

248 Seiten, A5, broschiert

ISBN 978-3-95531-004-2

Band 6: Die Zeit der Rosenblüten

Der Weg ist das Ziel, die Reise aber wird nie zu Ende sein!
Der Dienst am Licht hat viele Gesichter, und die stillen Helden sind diejenigen, die an der Brücke stehen, um den Nachfolgenden zu helfen, die sonst womöglich nicht einmal erwacht wären!

Band 7: Der Eintritt in die Vollkommenheit

Wir haben dem Schöpfungsprozess zugestimmt, sind in die Absicht gegangen, unseren Seelenplan zu verwirklichen, und nun stehen wir hier und fragen uns: Wie setze ich es um?
Es ist leichter als wir denken, und die Geistige Welt hilft uns dabei. Denn nur das Leben und die Verwirklichung unserer Herzenswünsche in die Materie bringt die Vollkommenheit. Deswegen sind wir auf Erden.

Sarinah Aurelia

Seelenverträge Band 8

Die allumfassende Liebe verleiht Flügel

336 Seiten, A5, broschiert

ISBN 978-3-95531-050-9

Erdenengel! Dieses Wort zieht sich durch dieses Buch wie ein roter Faden.
Denn wir sind Erdenengel und tragen den Gottesfunken in uns. Sobald wir immer mehr in unsere Schöpferkraft kommen, ist es doch mehr als verständlich, dass wir den Wunsch haben, uns das zu erschaffen, was uns weiterbringt – all das, was wir im Goldenen Zeitalter so dringend brauchen.
Wer dachte, dass die Transformationen nun beendet sind, war sicher überrascht, was da noch alles zum Vorschein kam. Auflösungen an sich verlaufen in der Regel sanfter als noch vor Jahren. Doch hat die Welle der inneren Reinigung uns erst einmal erfasst, gibt es nur noch einen Weg: den des Vertrauens.

Sarinah Aurelia

Seelenverträge Band 9

Verliebt sein ist nicht schwer,
beständig Liebe SEIN dagegen sehr

328 Seiten, A5, broschiert

ISBN 978-3-95531-089-9

Hohe Schwingung verändert alles, sodass nur noch das übrigbleibt, was die Tore der höchsten Schwingung passieren kann. Körper und Psyche haben viel zu tun, indem sie abstoßen, was nicht konform geht mit den höchsten Energien, um dann das Licht der Quelle zu integrieren. Hinzu kommt, dass wir uns seit Urzeiten unsere Realität selbst erschaffen. Was wir heute denken, fühlen und sagen, leben wir morgen.
Die Erde trägt ihre Kinder in die Sphären der Himmelsdimensionen, sodass diese ihren Seelendienst erfüllen können: bewusst zu werden. Das vollkommene Bewusstsein erlangen! Das liest sich leicht, ist jedoch, wenn man es lebt, gekoppelt mit vielen Herausforderungen, die erkannt und bewältigt werden wollen.
Die Seelenverträge sind die Verbindung zu den Freunden im Himmel. Wer an der Hand der geistigen Mentoren durch dieses Leben gehen kann, ist klar im Vorteil.

Sarinah Aurelia

Seelenverträge Band 10

Hand in Hand mit deinem Engel

344 Seiten, A5, broschiert

ISBN 978-3-95531-122-3

Seelenverträge Band 10 führt die Leserinnen und Leser in die Emotion, kommuniziert mit ihrer Seele und berührt ihr Herz.
Es ist, als wenn dieses Buch lebendig wäre, weil du es während des Lesens zum Leben erweckst. Manchmal flüstert es sanft und zärtlich mit dir, dann wieder ist es das Wiegen der Liebe, das dich liebevoll in den Arm nimmt, um deine Tränen zu trocknen.
Sobald du anfängst zu lesen, begleitet dich dein lebendig gewordener Engel. Vielleicht kannst du dich sofort dafür öffnen, oder du empfindest womöglich gar nichts, es ist alles ok. Denn Worte hallen nach, und manchmal braucht es ein wenig, bis das Licht der Schöpfung dein Herz erreicht.
Du hast diesen Engel zum Leben erweckt, du darfst ihm auch einen Namen geben. Wenn du magst, dann nimmt dich dein Engel an die Hand und begleitet dich so lange, wie du es möchtest.